EN MI CUERPO MANDO YO

José Luis Ortiz Nuevo

EN MI CUERPO MANDO YO

Prólogo de Carmen Camacho

RENACIMIENTO

© José Luis Ortiz Nuevo
© Prólogo: Carmen Camacho
© 2024. Editorial Renacimiento

www.editorialrenacimiento.com
POLÍGONO NAVE EXPO, 17 • 41907 VALENCINA DE LA CONCEPCIÓN (SEVILLA)
tel.: (+34) 955998232 • editorial@editorialrenacimiento.com

Diseño de cubierta: Equipo Renacimiento

DEPÓSITO LEGAL: SE 1471-2024 • ISBN: 978-84-10148-60-4
Impreso en España • Printed in Spain

UNA BOQUITA PRESTÁ

> «Erais vosotras más pueblo que nadie
> (¿no fue al someteros los Hijos del Señor
> a Su Ley como empezó esta desgraciada
> Historia?)».
>
> AGUSTÍN GARCÍA CALVO

> «Habla, criatura,
> antes de que te callen
> las escrituras».
>
> ISABEL ESCUDERO

A NÓNIMO es el nombre sin nombre con el que el pueblo y las mujeres han firmado su voz. Si la palabra escrita –y, con ella, las leyes y las lindes– fueron hasta hace poco cosa exclusiva de hombres con nombre; el verbo al vuelo, es decir, los *carmina*, es decir, los cantes, es decir, la poesía en su sentido radical, ha sido territorio de los don nadies y, más que de ninguno, de las mujeres, de *las nosotras*.

Las nanas, la primera transfusión performática de poesía, de *las nosotras*: «Duérmete, vida mía, / duerme sin pena, / porque al pie de la cuna / tu madre vela». De quién, sino nuestras, jarchas y *cantigas d'amigo*: «Si me quieres como bueno, / bésame esta sarta de perlas, / boquita de cerezas». De quién los cantos de columpio, sino de la niña que reina en la bamba: «Allí lirios y aquí lirios / y *tol* campo está *enliriao*, / y en medio de tantos lirios / está mi amante *acostao*». Quién bajo el burka masculla en pastún un landay por no cortarse de un tajo las venas: «Mi amante quiere retener mi lengua en su boca. / No por placer, sino para establecer sus constantes derechos sobre mí». Mujeres.

Los cantes flamencos recolectados por Antonio Machado y Álvarez son anónimos: del pueblo y su herida y, dentro de él, de mujeres atravesadas de las enésimas trayectorias del deseo, la miseria, el patriarcado. Los cantes flamencos son la voz, concreta y abstracta, atravesada, rota y abierta, de los despojados. Da gloria contemplar a Demófilo echando cuentas a las condiciones artísticas del *gran poeta anónimo*. Siglos antes de los estudios con perspectiva de género, Demófilo se enteró de que estas coplas están hechas y dichas por pueblo y —más pueblo que nadie– por mujeres, y así alude a tales: Fulanilla y Menganillo, Zutanito y Menganilla: pueblo y pueblo, pueblo y mujer.

Quienes escribimos –o apuntamos, mejor dicho– las palabras que se nos vienen a los labios en un cantiñeo, lo hacemos con una boquita *prestá*. Pecando mucho por la oreja, arrimándonos a lo que canta el pueblo, las mujeres, los chiquillos, los despojados, las desposeídas…, no para usurpar sus voces y ni mucho menos (esas son cosas de las más macabras y pestilentes ideologías) colonizarlas, sino para despertar la voz dormida de lo que, a cada cual, le quede dentro de pueblo, de gente, de mujer, de chavea, de *Nadie*. De esta horma, proclamo:

> *Deslenguada y lenguaraz,*
> *esta boca que es la mía*
> *es una boca* prestá.

Así han escrito los grandes y las grandes: con esta *máquina de Nadie*, con tinta robada, por boca *prestá*, a calzón *quitao*, a lengua suelta.

*

Del flamenco, sus letras y cantes entiende a fondo —no solo sabe y saborea— José Luis Ortiz Nuevo, que en esta entrega de cantares arrima el oído, la tinta y el querer a la voz presentida que se deja decir y ser mujer desde las hechuras métricas y melódicas de las letras y el cante flamenco. Esto que digo, *dejarse decir y ser mujer*, es algo ontológico a fuerza de ser misterioso y profundo, se nos va revelando a las mujeres a lo largo de nuestra propia vivencia y en el encuentro con una misma y con las demás. Pero *dejarse decir y ser mujer* también es algo rebelde a fuerza de ser concreto: somos mujeres atravesadas, desde el principio de la Historia hasta nuestros días, por una estructura social basada en la desigualdad y el sometimiento al hombre. A la vista está, para cualquiera no se empecine en su propia ceguera. Cantarlo es revelarse. Y rebelarse.

José Luis Ortiz Nuevo compone estas letras desde un conocimiento amplísimo de la factura de los cantes y sus estructuras de composición. Desde el octosílabo rotundo que da título a la colección, *En mi cuerpo mando yo*, al recorrido por los distintos estilos, pasando por el uso de gitanismos y giros característicos de la oralidad del Mediodía que convierten la gramática en milagro musical. Ordenado así, el material toma las texturas propias de cada cante, de modo que, desde una seguiriya a una alboreá, el libro realiza un recorrido experiencial y expresivo que abarca de la pena al gozo, del realismo al lirismo, de las cadenas a la libertad, de la rebelión a la apertura al amor.

Como cualquier letra actual que sea decente, la voz de estos cantes no hurga en las condiciones extintas de opresión, sino en las actuales. Por fortuna, están desapareciendo los mundos concretos sobre los que versaban los cantes flamencos: el carcelario, el hambre, el de los jornaleros prácticamente en régimen de aparcería. Sin embargo, en lo que se refiere a la situación de las mujeres, queda mucho por cantar: contra tantas violencias machistas de todo grado que, a la que no matan, la hacen malvivir; contra tanto mamarracho que escupe güisqui en el sexo de su esclava; contra la falta de emancipación, contra tanto cátedro perdonándonos la vida, contra el abuso emocional y las jaulas y los laberintos de dependencia, alzados punto a punto por la mala fe y la inconsciencia. Queda mucho por proclamar, a viva voz, del deseo y el hallazgo, del encuentro y la plenitud, de la vivencia de las mujeres elevada a lo que es, verdad humana. Lo contrario es perverso, atroz, inhumano, torpe.

No hay pedagogías ni ideologías que valgan cuando habla la *animala* y su deseo, la diosa que no ha muerto ni se traga las palabras zalameras de su profanador: la expresión de «en mi cuerpo mando yo» trae consigo la voluntad de desmandarse, de *despadrarse*, de librarse (¡y a qué precio!) de lo que está dicho y lo que está *mandao*.

Nos quisieron cambiar la *diferencia* por la *desigualdad*. Que canten quienes, en carnes, se den cuenta del engaño.

Vayan estas letras para desmandadas y destetados. Para quienes se nieguen a poner la voz del patriarcado, que por supuesto también sembró huevos en la herida de los cantes. Contra el poder, con poderío.

Carmen Camacho
Principiando junio, 2023

EN MI CUERPO MANDO YO

Colección de letras flamencas propias para ser dichas
por cantaores y cantaoras partidarios de la igualdad
entre las mujeres y los hombres

*A Pepita Sarazena**

1

EN MI CUERPO MANDO YO
Soleá & Jaleos (de tres versos), 28

I

Aquí me tienes gitano:
Soy tu mujer, no tu'sclava,
Y tú mi marío, no el amo.

II

Biene la bida y te lleba
Al jardín de la alegría
O al barrio de la tristesa.

III

Con el corazón te digo:
Te quiero pero no aguanto
Lo que tú haces conmigo.

IV

Date cuenta Curro mío
Que las cuentas que tú haces
Perdieron ya su sentío.

V

En mi cuerpo mando yo:
Hago con él lo que quieran
Mi deseo y mi razón.

VI

Fue porque no tuve gana:
No porque yo deseara
Que se apagara la llama.

VII

Grandes tormentos me diste
Sin pensar que luego a ti
Te iban a dar alpiste.

VIII

Hija mía, considera
Que los tiempos han cambiao
Y ya no son lo que eran.

IX

Igualita soy que tú:
En er campo de la ley
S'acabó la'sclavitú.

X

Jura si quieres jurá
Pero no vayas a usarme
De monea pa cambiá.

XI

Kilo más o kilo menos
A mí no me importa na
Si nosotros nos queremos.

XII

La hora de la verdá
No se logra por cojones
Sino con sinceridá.

XIII

Lloviendo como llovía
Y no viniste a buscarme
Hasta las claras der día.

XIV

Mira que yo te consiento
Con cariño y confiansa
Y no con sometimiento.

XV

Ni se te ocurra siquiera
Dirigirme una palabra
Que para ti tú no quieras.

XVI

Ñáñigo blanco malino
Envaina tu «sevillana»
Y deja libre er camino.

XVII

Olitas del mar bravío
S' habéis llevao a mi Manué
Y no me lo habéis traío.

XVIII

Permita un Dibé que beas
Como te cierra los ojos
La gachí que no deseas.

XIX

Quiéreme como si fuera
Una fruta colorá
Y tú la boquita abierta.

XX

Repara y bente a rasones:
Esos pribilegios tuyos
No armiten reparasiones.

XXI

Si tú has venío a buscarme
Es pa ser en libertá
Y no para esclabisarme.

XXII

Tú me tienes que desí
Si lo que a mí me combiene
También te combiene a ti.

XXIII

Un día d'estos, cualquiera,
Si te despiertas temprano,
T'enseño la enredadera.

XXIV

Valientemente criatura:
Si no cambias el pensar,
No tienen tus males cura.

XXV

Wistonera por la noche
Y cosinera de día,
Pa que no me fart'er broche.

XXVI

Xíbeme lo que tú eres
No lo que dises que seas
A nosotras: las mujeres.

XXVII

Y si no es verdá
Vete a la plasa y pregona
Lo que quieras pregoná.

XXVIII

Zanta Bárbara bendita,
Ziete Rayos en mi cuerpo:
Mi zalú, mi dinamita.

2

LA FLOR DE LA COMPLACENCIA
15 Fandangos

UNO

A mí me enseñó la vida
Que las lecciones s'aprenden
Con trabajo y las heridas
Que s'enrean en la mente
Y que nunca cicatrizan.

DOS

Cuando menos lo speraba
Me precisó el olviarte
Al saber que m'engañabas
Y todas tus palabritas
Eran palabritas vanas.

TRES

Levanto mi voz y hablo:
¿Hasta cuándo va a durar
La peste de los maltratos
Y el instinto de matar
De los reaños amargos?

CUATRO

Escucha lo que te digo
Pa que tú lo tengas claro
Si quieres q'esté contigo:
Ni levantarme la mano
Ni escoger a mis amigos.

CINCO

Al caer están los días
En que nosotras seremos
Las compañeras bravías
Que a los hombres sacaremos
De lamerse sus herías.

SEIS

Hoy te voy a referí
Lo que te tengo guardao
Desd' el día en que sufrí
El maltrato q'm'as dao
Hasta que le puse er fin.

SIETE

Iguales somos los dos,
'Ndica cómo de iguales:
No'n los cuerpos que tenemos
Pero sí en las lealtades
Y por eso nos queremos.

OCHO

La ilusión que yo tenía
Era vivir a tu vera
Pero tú lo que querías
Era usarme a tu manera
Por la noche y por el día.

NUEVE

Mala puñalá le dieran
A quienes aún consientan
Que a esas niñas indefensas
Les arrebaten por fuerza
La flor de su complacencia.

DIEZ

No me impongas servidumbre
Ni me tengas malos modos
Mira que yo soy la mimbre
Del querer que dan tus ojos
Y no de tus pesadumbres.

ONCE

¿Por qué seguirá en memoria
Y con vigor la leyenda
De una mujer caprichosa
Que fue la causa primera
De la perdición humana?

DOCE

Siéntate a la vera mía
Y déjame que te diga
Lo qu'a ti yo te quería
Cuando tú ni t'enterabas
Porque no te convenía.

TRECE

Te tienes tú qu'enterar
Que ya s'acabó er dominio
Y ahora reina la iguardá:
Si tú eres precipicio,
Yo soy cañada reá.

CATORCE

Vaya hombre q'estás hecho
Siempre reinando en ti mismo
Com' un terreno en barbecho
Sin verea ni camino
Sin vergüenza y sin provecho.

QUINCE

Yo solita m'entretuve
En tejer una madeja
Con lo primero que pude
Besos, caricias, entrega…
Y con ella te retuve.

3

NI CHICHA NI LIMONÁ
Tangos, 10

> «Tú no eres ná
> Tú no eres ná
> Tú no eres chicha
> Ni limoná»
>
> (Estribillo cubano)

A qué me vienes con esas
Gallito de mi corral
Si hago yo con tu cresta
Lo que m'apetezca y más.

Anda y vete: Que te sursan
Y te cosan un remiendo
Porque no sirves pa capa
Ni pa sapato de ivierno.

Carita de santurrón
Con su corbata celeste
Tapando su corasón.

Estabas ciego y no v'ias
Que yo a ti te camelaba
Como ninguna lo hacía.

Ganitas tenía de verte
Y de mirarte a los ojos
Para poder entenderte.

Los alamitos del río
Tan jerochos y juncales
Asientan su poderío
En los hondos humedales.

Mira que soy tu mujer
Y te doy lo que tú pides
Si reconozco tu «haber»
Y no porque tú me obligues.

No te metas en quilombo
Y vete a una barbería
Pa que te quiten er moño
De toas tus tonterías.

Por coño yo taparío
Por coño stás engendrao
Y por coño, mal nacío,
Tú vives desorientao.

4

A LA ALTA LUNA
9 Seguiriyas

A la alta luna
Se lo había rogao
Que me respetases y tú me quisieras
Y no la lograo.

A mí me dijeron
Que no me querías
Pero como yo staba loquita contigo
No me lo creía.

A remate cuentas
Naíta te debo
Tú sí a mí porque fui tu maestra
Sin cobrarte un euro.

Ábrase un refugio
Pa este cuerpo mío
Como es que me veo huyendo dun hombre
Quera mi marío.

Acuérdate hombre
Lo que me decías
Lo que tú mablabas nochesita a noche
Hasta ser er día.

Adiós compañero
Ya no aguanto más
Que las fatigas que por ti telero
Me van 'asfisiá.

Amores no quiero
Con hombre malino
Porque tengatusa común molinero
Para su molino.

Aquella mañana
Ar salí er so
Presa se llevaron, a mi hermana la chica,
Por un mal gachó.

Ar ca ti te diga
Que yo tamentío
Dile que se lave su lengua asquerosa
En un pozo frío.

5

A LOS OLIVARITOS DEL VALLE
8 Martinetes y Tonás

En el hoyo la tristesa
en vez en cuando me meto,
y no haya consuelo mi pena
ni por fuera ni por dentro.

Fui ar campo por un lirio
Y er lirio se me secó,
Fui a la calle por un hombre
Y el hombre se me murió.

La desgracia a mí me viene
de haberte querío tanto
y no encontrar de tu parte
correspondencia en tu trato.

Los gitanos las gitanas
Los moros y los judíos
Hijos de la casta humana
Críaos en un mismo nío.

Malo perverso de malo
Malo de nesesidá
De los que gosan er daño
Que hasen a los demás.

No te rebeles serrano
Porque te diga verdá
Mira que solo defiendo
Er queré y la iguardá.

Permita er tiempo que veas
Como se te junde er suelo
Y te llega la marea
Cuart'arriba der pescueso.

Tengo un juramento hecho
Con las horas de mi vía
Solo comparto mi lecho
Con quien me vierta alegría.

6

A LOS OJOS DE LA GENTE
7 Malagueñas

En recuerdo y homenaje a Enrique El Mellizo,
El Canario, Juan Breva, La Trini y Antonio Chacón,
de quienes se copian los primeros versos de estas siete coplas

A la mare de mi alma[1]
Le pido que me comprenda:
Que lo quenmí pone falta
Fue lo mismo que hizo ella:
Tenerme sola y sin nada.

A qué tanto me consientes[2]
Si no me consientes na
Solo lo que le conviene
A tu imagen liberá
Y que lo diga la gente.

Caigan perlas a millares[3]
En las puertas de tu calle
Y no las recoja naide
Porque las convierta el aire
En burbujas de lunares.

Del convento las campanas[4]
Que antiguamente doblaban
Por penas queran condenas
De personas doblegadas
Por haber nacío hembras.

Día 14 de abril[5]
Cuando levantó su vuelo
Una paloma cañí
Que 9 años aluego
Tendría malino fin.

Por las trenzas tu pelo[6]
Me tienen que ver subir
Las malas lenguas der pueblo
Que no quieren consentir
El querer que nos tenemos.

Viva Málaga que tiene[7]
Los ojos la mar de azules,
Sus mares llenos de peces,
Y en su sombrero mil luces
Le resplandesen las sienes.

MARE MÍA NO T'ENOJES
6 Saetas a la Madre de Jesús

Cuatro lágrimas alumbran
Las penas de tu semblante:
La pena de la pobreza
Del dolor y de la muerte
Que consigo trae la guerra.

De mil maneras te llaman
Amparo, Paz, Alegría,
Y a tus Dolores le cantan
En toa la Andalucía.

Mare mía no tenojes
Con esta bala perdía
Que te dise lo que siente
A eso der medio día
Cuando te veo en er puente.

Permite que te lo diga:
Tú para mí eres Diosa:
No una diosa justiciera
Sino mi-se-ri-cor-diosa.

Rosario de mis amores
Las cuentas de tu calvario
Son rosas de mil colores
Que florecen a diario.

Señora tan bondadosa
Tan dispuesta y tan floría
No puede ser de otra tierra
Que no sea Andalucía.

8

¿DÓNDE VAS MUJER HERIDA?
5 Peteneras tristes

En un pozo jondo y seco
Me puse yo a recordar
Las horitas daquel tiempo
Cuando tuve libertá
Y dispuse de mi cuerpo.

Me larrebató el camino
Y el que a mí me utilizó
Para conseguir conmigo
Dinero, plata, jurdó
Con engaños y con mimos.

¿Dónde vas mujer herida
A estas horas de la noche?
¡Voy a buscarme la vida
De la manera que quieren
Los hombres de tu partida!

Si yo pudiera ir tirando
Por la borda mis herías
Las campanas repicando
Con su leco lo dirían:
¡Está viva de milagro!

Tenía una piera verde
Quera toa mi alegría
Y cuando la vi partirse
Oí como me decía:
Ya se terminó tu suerte.

9

A LA VERA SOY DEL MAR
4 Cartageneras

A la vera soy del mar
De la mina y de la huerta,
Tengo luz y tengo sal
Y abiertas tengo mis puertas
A quien necesite hogar.

Cartagena, Cartagena
No te duermas en laureles
Ni te rindas a la pena,
Porque vivir de los héroes
No es virtú sino condena.

Cartagenera nací
Cartagenera me siento
Y en mi sangre recibí
La raíz de mi sustento:
Ser libre para vivir.

La libertá no s'alcanza
Cuando se pide en limosna;
Se conquista, no se paga,
Y se pierde si abandona
La razón de su demanda.

10

ENTRE SÁBANAS DE HOLANDA
Bamberas, 3

Entre sábanas de Holanda
Yo te lo quiero decir:
Que si m'acuesto contigo
Es porque así soy feliz.

No quiero fidelidades
Frágiles y quebradizas
Prefiero las lealtades
Y el abrazo de tu risa.

¿Por qué será que los hombres
Si fornican son sus cosas
Y en cambio si son mujeres:
Malas putas hembras zorras?

SOY VIUDA DE LA MINA
Cantes Mineros, 2

Soy viuda de la mina
El luto se v'en mi cara
Y aunque de blanco me vista
Lo negro a mí m'acompaña
Desde qu'estoy en la vida.

Sin miramiento ninguno
Tiembla la tierra y sepulta
Cuando s'apaga el carburo
Pero quien haya su tumba
Es un minero: ¡seguro!

GITANA SOY, NO LO NIEGO
Una Alboreá

El tiempo crea costumbres
Que en el tiempo desvanecen
Porque pierden certidumbre
Y el valor que las mantiene.

Gitana soy, no lo niego
Gitana ende que nasí
Pero a mí lo der pañuelo
Me sabe a guardia siví.

¿Por qué no demuestran ellos
Que con nadie han mantenío
Satisfasiones de sexo
Y a nadie se lan metío?

¿Por qué no demuestran ellos
Que con naide han mantenío
Satisfasiones de sexo
Y naide se la metío?

NOTAS

* Pepita Saracena (Colwy Bai, 1919-Sevilla, 2000). Intrépida mujer, hija de española bailadora y de galés, a los dos años queda huérfana de madre y es educada en una comunidad gitana. En 1939 debuta en Madrid, triunfalmente, pero debe huir de los horrores de la guerra. Londres la aclama en 1940 como sucesora de La Argentina. Y de ahí a conquistar el mundo.

1. Enrique el Mellizo.
2. Antonio Chacón.
3. La Trini.
4. Antonio Chacón.
5. La Trini.
6. El Canario.
7. Juan Breva.

ÍNDICE

En mi cuerpo mando yo
de José Luis Ortiz Nuevo
salió de la imprenta el
22 de mayo de
2 0 2 4